Shana Lyès

CAPRICORNE

FIRST
ÉDITIONS

ISBN : 978-2-412-08201-0
Dépôt légal : novembre 2022
Imprimé en Italie

Directrice éditoriale : Marie-Anne Jost-Kotik
Responsable éditoriale : Aline Sibony
Éditrice : Cyrielle Londero
Correction : Judith Lévitan
Mise en pages : Frédéric Voisin

Illustrations shutterstock : pages 1, 2, 159 et 160 YuHusar ; pages 5, 7, 16, 19, 20, 21, 22, 23, 24, 31, 35, 39, 43, 47, 48, 52, 55, 56, 57, 60, 64, 68, 70, 72, 75, 96, 100, 103, 107, 111, 114, 119, 121, 130, 139, 141, 145, 149, 152 Ju Alaris ; page 10 makrushka et Slurp Design ; page 11 Anastasiia Smiian ; pages 14, 17 et 18 Natalllenka.m ; pages 19, 20, 21, 22, 23 et 24 Bodor Tivadar ; pages 32, 82 et 131 Valedi ; page 35 mountain beetle ; page 44 Tanya Antusenok ; page 46 Istry Istry ; pages 76, 77 et 78 Masmas ; page 79 Arelix ; pages 84, 85, 86, 87, 88, 89, 90 et 91 Nevada31 ; page 104 Paw ; pages 125 et 135 Anastasiia Veretennikova

Éditions First, un département d'Édi8
92, avenue de France
75013 Paris - France
Tél. : 01 44 16 09 00
Fax : 01 44 16 09 01
Email : firstinfo@efirst.com
Site Internet : www.editionsfirst.fr

Sommaire

Ce carnet est dédié aux âmes nées sous le signe du Capricorne.

C'est un parfait mélange entre théorie astrale, explications des astres et exercices concrets à réaliser pour un mieux-être, c'est-à-dire pour mieux vivre avec ton essence.

À travers ces pages, tu découvriras pourquoi tu es né·e sous ce signe astrologique, son énergie, sa philosophie, sa place au sein du zodiaque… Mais également ce que cela dit de toi, en tant qu'être humain : quelles sont tes forces et quelles sont tes faiblesses. Tu découvriras aussi comment le Capricorne agit dans ton thème astral et quelles sont tes meilleures compatibilités.

Tu y trouveras également un point sur la lithothérapie et les cristaux qui te sont conseillés pour révéler ton potentiel intérieur.

Si tu souhaites partager ta passion pour l'astrologie, tes observations et discuter avec des personnes sur des sujets concernant la spiritualité… rejoins le Club des Étoiles sur Facebook !

Je te souhaite une très bonne lecture étoilée.

Shana ♡

Pourquoi s'intéresser à l'astrologie ?

L'astrologie, un langage millénaire

L'astrologie est un savant mélange d'art, de cultures et de connaissances ancestrales, mais elle n'est pas une science. Du moins, pas une science en termes mathématiques. En revanche, on peut la percevoir comme une science humaine, inexacte et malléable, mais pour ma part, je préfère la considérer comme un beau langage qui vient apporter des mots sur des maux ou sur des joies. En effet, l'astrologie nous *parle*.

Née en Mésopotamie environ mille ans avant Jésus-Christ, à la suite d'un heureux hasard qui voulait que les êtres vivants s'intéressent à l'influence du cycle lunaire sur les marées et les moissons, l'astrologie nous parle de qui nous sommes, de notre place dans le monde, de celleux qui nous entourent et de notre société qui évolue, se transforme et se chamboule un peu plus chaque jour.

Depuis l'Égypte antique, elle fait partie intégrante du quotidien des hommes qui tentent de mieux comprendre pourquoi tel ou tel événement se produit à un moment bien précis – lorsque les astres sont (dés)alignés.

Sur la base des observations du ciel d'autrefois, de quelques mythologies, des constellations, des saisons et de la vie en communauté, l'astrologie s'est créé un langage qui parle à notre corps, à notre cœur… et surtout à notre âme. Avec quelques théorèmes et des calculs compliqués qui s'établissent sur la base du jour, de l'heure et du lieu de naissance d'une personne, elle est capable de conter l'histoire de cette âme qui s'est incarnée – pas par hasard – dans un endroit qui va façonner sa vision du monde d'aujourd'hui et de demain.

D'accord, je te l'accorde, cette approche de l'astrologie est très poétique et saupoudrée d'un zeste de magie… Mais qu'est-ce que la magie dans un univers où la spiritualité fait partie intégrante de notre être ? Alors, oui, l'horoscope peut nous sembler parfois abstrait, parfois décalé ou encore difficile à comprendre à la première lecture (ou à la première écoute), mais lorsqu'on prend réellement le temps de se poser face à sa carte astrale, la quantité d'informations qu'on peut en recevoir devient symbolique et résonne, d'une manière ou d'une autre, dans son moi profond.

Chère étoile, fragment de galaxie et lumière incarnée, tu as bien pris ton billet d'avion pour un aller simple vers les astres ? Si oui, prépare toute ta curiosité, ainsi que ton ouverture d'esprit et boucle ta ceinture ! Le décollage est imminent.

TICKET

NOM :

PRÉNOM :

DATE DE NAISSANCE :

SIGNE ASTROLOGIQUE :

VILLE, PAYS D'ORIGINE :

MA PLANÈTE PRÉFÉRÉE :

Introduction à la roue du zodiaque

La roue du zodiaque et les douze signes

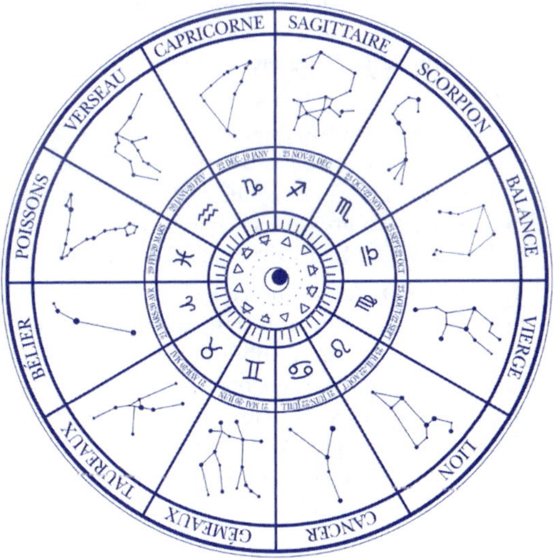

La roue du zodiaque est comme une horloge qui vient illuminer le cadran de l'un ou l'autre signe astrologique durant une période donnée. Elle est divisée en douze et couvre les 24 heures d'une journée, les 4 saisons, ainsi que les 365 jours d'une année. En fonction des transits (déplacements) de planètes dans le ciel, certains signes marqueront davantage une saison qu'une autre… et la personnalité d'un individu né à tel moment, plutôt qu'une autre.

Lorsque tu observeras pour la première fois ta carte du ciel de naissance – aussi appelée ton « thème natal » – tu remarqueras que cette image remplie de symboles colorés est, en réalité, une photo du ciel au jour et à l'heure de ta naissance selon le lieu.

Tu verras également que tu n'as pas uniquement des placements dans ton signe astrologique, mais que tu es un mélange subtil des douze signes du zodiaque. Eh oui ! la Lune bouge, change d'énergie tous les deux jours ; Mercure change au moins une fois par mois de signe ; Vénus est tout aussi rapide… Sans parler du signe ascendant qui change d'une heure à une autre, à la minute près !

Ceci explique pourquoi tu peux connaître d'autres Capricornes et les trouver si différents de toi.

Pour réaliser ta carte du ciel, rends-toi sur astrotheme.fr dans l'onglet « Ascendant et thème astral » avec ton jour, ton lieu et ton heure de naissance. Garde précieusement cette carte sous les yeux pour venir compléter le reste de ce carnet !

La carte du ciel, le thème natal

Ton thème natal est une carte du ciel, représentant une roue du zodiaque, qui est réalisée en fonction de ton jour, de ton heure et de ton lieu de naissance. Cette « carte natale », ou encore « map astrale », est une photo du ciel prise au moment où ton âme s'est incarnée sur Terre, soit lors de ta naissance. La position des différents astres (Soleil, Lune, Vénus, astéroïdes, etc.) dans le ciel apporte des clés de compréhension de la construction de la personnalité d'un être humain au fil des années et de son évolution personnelle.

Sur cette carte du ciel, tu pourras observer une dizaine de planètes, des astéroïdes, mais également l'emplacement de maisons astrologiques. Lorsque tout ce mix d'énergies est parfaitement traduit, il dresse le portrait de ta personnalité unique. Car chaque thème natal est unique, comme toi.

LA GRANDE TRINITÉ ASTRALE

Si tu débutes en astrologie, sache que trois placements visibles sur ton thème sont particulièrement parlants et importants. C'est ce qu'on appelle la Grande Trinité Astrale ou encore la Triade : **Soleil**, **ascendant** et **Lune**.

Le signe astrologique, solaire : ton rayonnement personnel

Le signe solaire, c'est-à-dire le signe astrologique, est l'endroit où était placé le Soleil lors de ta naissance. C'est ton essence profonde, tes objectifs, ta vitalité, ta première fondation en tant qu'être incarné à un instant *t*.

Le symbole rond ☉ sur ta carte du ciel est ton signe astrologique.

Pourquoi ne connais-tu que ton signe astrologique depuis la naissance ? Oh, tu sais que le Soleil est l'étoile star de notre galaxie. Celle autour de laquelle gravitent toutes les autres planètes. Celle qui fait que chacun·e d'entre nous se lève chaque matin… Bref, c'est le point central de notre univers. Le Soleil est source de vie. Et cette définition vaut tout autant pour ton signe solaire. Il est le centre de ton thème astral, le luminaire grâce auquel tous les astres fonctionnent et interagissent entre eux. Il représente environ un cinquième de ta personnalité et même si tu peux te reconnaître moins dans ce signe que dans un autre, il reste la base, l'essence même de qui tu es et de qui tu deviens un peu plus chaque jour.

CAS SPÉCIAL : LA CUSPIDE

Le cas de la cuspide est évoqué lorsqu'une personne est née entre deux saisons de signes. C'est-à-dire lorsqu'elle est née le premier jour de la saison de son signe astrologique ou le dernier jour. Généralement, il est difficile pour ces personnes-là de se reconnaître dans l'un ou l'autre signe et elles ne savent pas réellement quel est leur signe solaire.

Si tu es dans ce cas, sache que c'est ton heure de naissance qui déterminera quel est réellement ton signe astrologique.

Si tu te reconnais beaucoup dans les deux signes « entre » lesquels tu te situes, c'est sûrement parce que tu as des planètes logées dans les deux énergies – ce qui est fréquent car Mercure et Vénus ne sont jamais loin du Soleil. Mais sache que, dans tous les cas, tu n'as bien qu'un seul signe astrologique ! Il est impossible d'être né·e sous « deux soleils ».

SHINE BRIGHT LIKE... YOUR SUN !

Le signe ascendant : ta face sociale

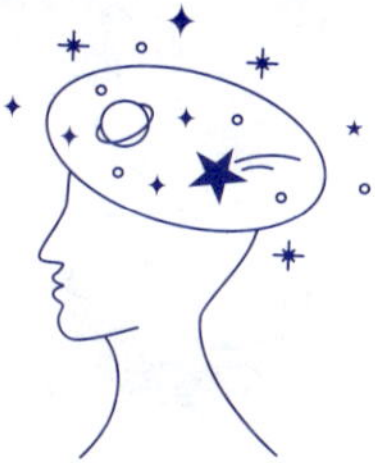

Défini par ton heure de naissance, l'ascendant est le point précis dans le ciel qui représente « l'orient », c'est-à-dire là où le soleil se lève – l'horizon oriental –, il s'appelle « ascendant » car il prend davantage de place au sein de ta personnalité au fil du temps qui passe et il construit ta face sociale et ton apparence physique. Il s'affirme en devenant ton nouvel horizon, pas à pas. Ce serait la face de toi que tu révèles au monde lors de la première rencontre.

La flèche qui pointe **AC** sur ta carte du ciel est ton signe ascendant.

Le signe lunaire : ton intimité et tes émotions

La position de la Lune dans ton ciel de naissance vient donner de précieuses indications sur ton intimité, tes besoins, ta manière d'extérioriser tes affects et la partie de toi qui est profondément innée. D'ailleurs, en astrologie karmique, on part du principe que la Lune représente l'âme qui s'est incarnée au moment de la naissance, avant toute interaction et modification liées à l'environnement. Les heureux·se·s élu·e·s qui voient cette partie de toi sont les personnes proches de toi : partenaire amoureux·se, famille, ami·e·s de longue date, etc.

Le croissant de lune doré ☽ sur ta carte du ciel est ton signe lunaire.

Tous les autres symboles sont des planètes et des astéroïdes qui nuancent et dessinent ta personnalité. Tous ces éléments ensemble forment ta carte du ciel unique, ton thème natal.

Les planètes individuelles

Ce sont les planètes rapides, celles qui bougent rapidement et qui viennent davantage nuancer ta personnalité. Elles parlent de ta communication, de tes affects, de ta capacité d'action ou encore de ton fonctionnement relationnel.

Mercure : ta communication et ton intelligence

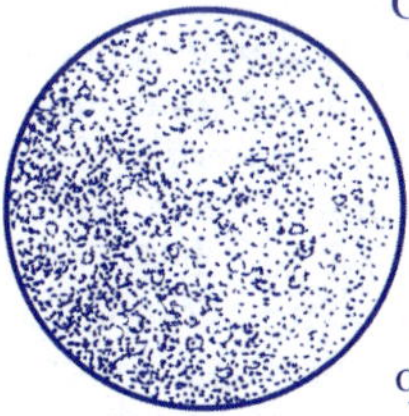

Cette planète va indiquer ton degré de sociabilité, ta manière de communiquer, de réfléchir et la façon dont tu vas utiliser ton intelligence au quotidien, comment elle se déploie et dans quel cadre. Elle peut aussi représenter tes facilités ou tes difficultés de compréhension dans certains domaines.

Le symbole violet ☿ sur ta carte du ciel est ton signe de Mercure.

Vénus : tes sentiments et tes relations

Sur ton thème, cette planète renseigne sur ta manière d'aimer, sur ce que tu recherches pour t'épanouir en relations (amoureuses notamment), sur ta vision de la beauté et ton affinité avec tout ce qui touche à l'art en général.

Le symbole féminin rose ♀ sur ta carte du ciel est ton signe de Vénus.

Mars : tes actions et ton courage

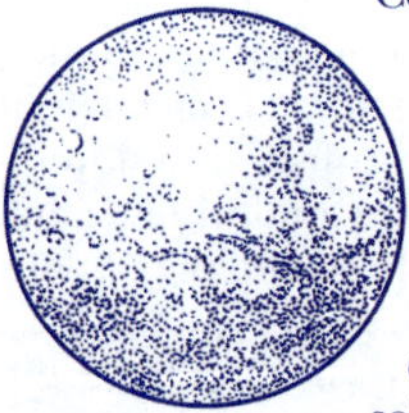

Cet astre témoigne de ta capacité d'action, la manière dont tu (ré)agis au quotidien, ce qui t'anime dans la vie. Ce sont aussi tes désirs, ton pouvoir d'attraction ou l'incarnation de ce par quoi tu es attiré·e. Ce placement renseigne aussi sur ta sexualité et ta libido.

Le symbole masculin rouge ♂ sur ta carte du ciel est ton signe de Mars.

Les planètes intergénérationnelles

Elles sont au nombre de deux : Jupiter et Saturne, qui sont deux planètes plus lentes, mais qui bougent et transitent de signe environ chaque année ou tous les deux ans. Elles indiquent des éléments concernant tes valeurs, ton héritage familial ou encore tes aspirations.

Jupiter : ton expansion et tes valeurs

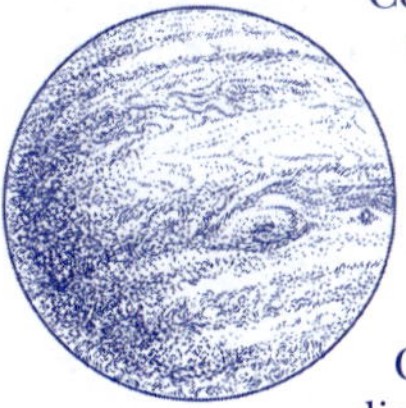

Cette planète fait référence à ta morale, mais aussi à ton potentiel d'expansion. Elle représente le développement social, le domaine dans lequel tu as envie de grandir, ainsi que ta chance. C'est ta philosophie du quotidien.

Le symbole bleu ♃ sur ta carte du ciel est ton signe de Jupiter.

Saturne : ta discipline et tes vertus

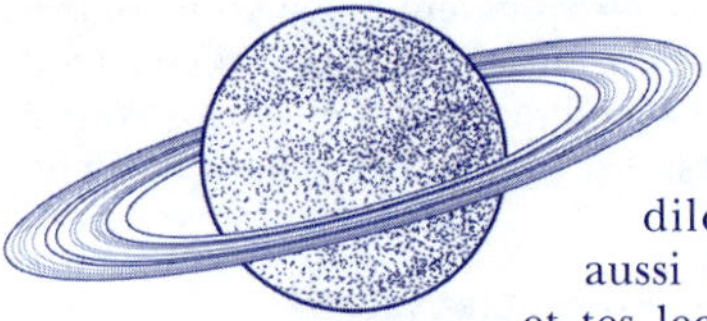

Cet astre représente ton ambition par excellence, ton domaine de prédilection, mais aussi tes structures et tes leçons de vie. Il incarne ta rigueur, ta force et ton karma transgénérationnel. Cet astre t'invite à mûrir, à grandir, à assumer tes responsabilités pour t'intégrer à la société.

Le symbole rouge ♄ sur ta carte du ciel est ton signe de Saturne.

Les planètes générationnelles

Ces trois planètes sont les plus lentes du zodiaque. Découvertes longtemps après les sept premières qui sont présentes sur la carte du ciel, elles ont fait leur apparition dans l'astrologie à la fin du XXe siècle. Elles sont dites « générationnelles » car elles sont présentes exactement au même emplacement (dans le même signe) pour une génération entière.

Uranus : ton indépendance et ta créativité

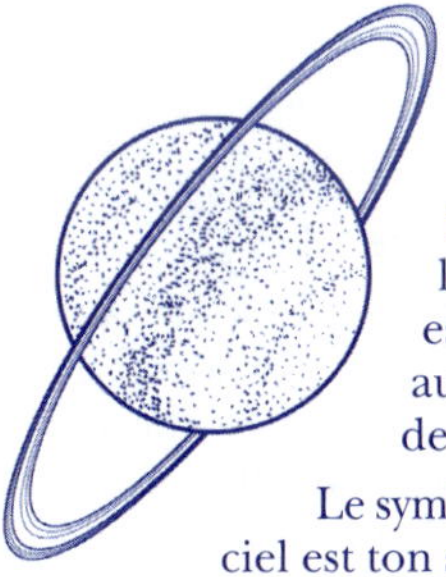

Cet astre représente l'originalité, la créativité et l'inventivité. Sur ton thème natal, Uranus peut indiquer le domaine dans lequel ton côté visionnaire est fortement présent, mais aussi quelles sont tes facultés de transcendance.

Le symbole brun ♅ sur ta carte du ciel est ton signe d'Uranus.

Neptune : tes idéaux et tes croyances

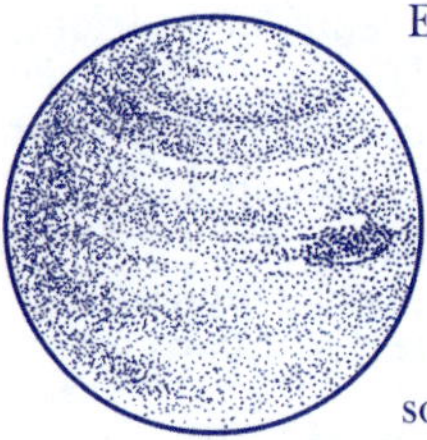

Elle représente ton idéalisme, mais aussi le domaine où tu risques de connaître des déceptions. Cette planète invite à rêver, à fuir la réalité – autant dans un sens positif que négatif. Sur ton thème, son placement peut t'indiquer où se trouvent tes faiblesses, et notamment ta naïveté.

Le symbole vert ♆ sur ta carte du ciel est ton signe de Neptune.

Pluton : ta capacité de résilience

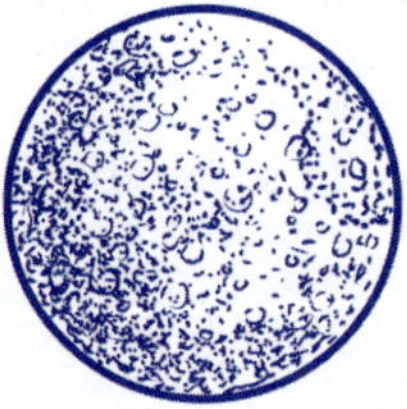

Cet astre signifie la métamorphose, la transformation, le pouvoir et le charisme. Mais également tout ce qui est tabou. Sur un thème natal, Pluton représente la destruction, les peurs, mais aussi un lieu de profondeur recelant une certaine noirceur.

Le symbole rouge ⯓ sur ta carte du ciel est ton signe de Pluton.

Les maisons

Les maisons astrologiques sont au nombre de douze. Elles représentent différents domaines de la vie quotidienne et des champs d'expérience qui vont quadriller la routine d'un individu. Chaque maison est en analogie avec l'énergie d'un signe du zodiaque. On dira que ce signe est celui qui dirige cette maison en particulier. Quatre maisons se démarquent plus que les autres.

- **La maison I** est dirigée par le signe ascendant. Elle représente ta vitalité, ton ego et une grande part de ton identité individuelle. Elle marque ta personnalité et te fait évoluer d'année en année.
- **La maison IV** est également appelée « fond de ciel », elle indique tes origines, ton appartenance à une patrie, à une famille, et comment tu construis ton foyer. C'est le point « nord » de ton thème, là où le soleil n'est pas visible car c'est le territoire le plus secret et profond de ton âme.
- **La maison VII** est dirigée par le signe descendant. Opposé à ton ascendant, c'est l'horizon occidental, celui où le soleil se couche pour faire taire l'ego et laisser la place à l'autre. Ce signe montre ce que tu recherches chez les autres pour une association sur le long terme, un partenariat, une relation professionnelle ou amoureuse durable.

Il dévoile ce que tu es prêt·e à apporter à l'autre, mais également ce que tu recherches chez l'autre.

- **La maison X** est également appelée « milieu de ciel », elle correspond au signe où ton soleil est au plus haut, à son maximum, dans son plein potentiel. C'est le zénith, le « sud ». Ce point de ton ciel représente ta carrière, le milieu socioprofessionnel dans lequel tu peux évoluer et briller.

Les astéroïdes et les points karmiques

Les astéroïdes et les points karmiques ne sont pas étudiés par tous les astrologues car ces placements sont plus particulièrement traduits *via* l'astrologie karmique, qui est une branche spécialisée de l'astrologie. Ce courant astrologique tente de mettre en lien les traumas, les blessures émotionnelles et parfois même les potentielles vies antérieures qu'on aurait pu vivre avec la personnalité d'un individu.

Ceux qui nous importent dans cet ouvrage sont les nœuds lunaires, que nous verrons en détails page 101, mais aussi la Lune Noire, qui peut faire écho à tes peurs (voir page 109), ou encore Chiron, qui parlera de tes forces à développer (voir page 109).

Les aspects

Les aspects sont les lignes de couleurs que tu aperçois au milieu de ta roue du zodiaque. Elles indiquent si les astres qui sont présents sur ta carte du ciel interagissent ensemble et, si oui, de quelle manière : positive ou négative ? Certains aspects sont dits « majeurs » lorsqu'ils ont un impact important sur ta personnalité et tes forces ou faiblesses, tandis que d'autres sont considérés comme étant « mineurs » car ils ont un effet moindre sur ta personne.

N.B. : je te conseille de t'attarder sur les aspects uniquement lorsque tu seras assez à l'aise avec l'astrologie et la lecture de ton thème natal. Tu peux revenir à cette partie plus tard et à n'importe quel moment lorsque tu en auras besoin.

Les aspects positifs majeurs (en bleu sur la carte du ciel)

- **Le sextile** (60°) : aspect bénéfique qui lie deux planètes l'une à l'autre, dans des signes compatibles mais qui ont des éléments différents. Cet aspect est considéré comme synonyme d'harmonie et d'échange entre deux énergies qui se renforcent mutuellement.

- **Le trigone** (120°) : aspect qui lie deux planètes l'une à l'autre, dans des signes de même élément. Cet aspect facilite le soutien entre deux énergies et crée du bien-être et de la douceur.

Les aspects négatifs majeurs (en rouge sur la carte du ciel)

- **Le carré** (90°) : aspect de tension qui contrarie l'énergie de deux planètes, dans des signes considérés comme incompatibles et très différents. Cela représente une tension intérieure, un inconfort à surmonter et un obstacle de la vie dont il faut prendre conscience pour évoluer. C'est l'aspect le plus difficile à vivre.
- **L'opposition** (180°) : aspect inconfortable, voire contradictoire, qui oppose deux planètes de manière frontale, dont on dit alors qu'elles se situent dans des « signes opposés ». Cela peut créer un tiraillement intérieur et psychologique.

Les aspects spéciaux

- **La conjonction** (0° à 10°) : aspect qui unit deux, trois, voire quatre planètes qui se trouvent dans le même axe. Celles-ci se retrouvent donc en « superposition ». Cela peut stimuler positivement l'énergie qui se situe dans le signe en question ou, au contraire, créer des excès négatifs. C'est sûrement l'aspect le plus puissant sur un thème. La conjonction est représentée par un cercle vert qui entoure deux ou plusieurs astres.

- **Le quinconce** (150°) : en vert sur le thème, c'est un aspect mineur qui a tout de même beaucoup d'importance. Cet aspect vient soit soutenir l'énergie d'un des astres en question, lui demander de corriger son action, soit créer un conflit interne et provoquer beaucoup de nervosité intérieure en fonction des maisons qu'il va toucher.

Dix choses à savoir sur le Capricorne

Sa période : 21 décembre – 20 janvier

Son mode : cardinal

Son élément : la terre

Planète : Saturne

Maison : X, celle de l'ambition, de la sphère sociale, du rayonnement personnel et de l'autorité

Signe opposé : le Cancer

Sa phrase clé : « Je gère. »

Ses couleurs : bronze, marron et ocre

Ses pierres : œil-de-tigre et malachite

Ses traits principaux : responsabilité, patience, persévérance, pessimisme, froideur, réserve

Le Capricorne au sein du zodiaque

Le Capricorne est le dixième signe du zodiaque, c'est un signe fort et robuste. Il est dirigé par Saturne, l'astre de la discipline et du temps. Cela lui vaut son côté responsable, sûr de lui et ambitieux. Il dirige la maison X qui est celle de l'ambition, de l'aboutissement et de ce qui nous réussit. Son mode de fonctionnement est cardinal, car c'est le premier signe de la saison hivernale. Cela influence sa manière de prendre des décisions : il sera toujours très prudent et évaluera sans cesse le pour et le contre de chaque situation.

Le Capricorne est né lors du solstice d'hiver, à savoir la nuit la plus longue de l'année. Il annonce une période sombre et froide de l'année, c'est le début de l'hiver. Mais c'est aussi une période de bonnes résolutions et d'envie de se dépasser pour donner le meilleur de soi-même en ce début de nouvelle année. La saison de ce signe est porteuse de bonnes résolutions et de nouveaux projets. Ce n'est pas pour rien que le mois de janvier nous stimule autant à créer des tas de *to-do lists* différentes et à se fixer de hauts objectifs.

Ce signe de terre aime le concret, il s'éloigne de tout ce qui est superficiel. Il est particulièrement patient car il sait qu'il doit attendre que l'hiver passe pour que ses projets aboutissent. On dit souvent de lui qu'il est pessimiste à cause de sa trop grande rationalité, de sa vision des choses très pragmatique ainsi que de sa logique implacable. Il est tenace et lucide mais, comme c'est une bête à cornes, il peut se montrer assez têtu et c'est difficile pour lui de se ranger ou de changer d'avis.

Son côté solitaire est souvent mal interprété. Le Capricorne n'est pas un anti-social, mais davantage un individu ambitieux et individualiste, entièrement dévoué à son entourage proche mais qui, de temps en temps, a besoin de moments de solitude pour faire le point avec lui-même.

En amour, il est fidèle et loyal. Il préfère éviter les conflits et est souvent le pilier du couple. Ce signe est souvent perçu comme un être digne de confiance, à qui l'on peut confier des tâches à grande responsabilité et avec un humour plutôt piquant, voire sarcastique.

Le Capricorne possède une aura mystérieuse qui fait qu'on ne l'oublie jamais lorsqu'on le rencontre. Il parle rarement de lui et il n'aime guère s'ouvrir aux autres, encore moins sur le plan émotionnel. C'est à cause de cela qu'il peut paraître froid et hautain, alors que ce n'est qu'une carapace qui cache un cœur en or et des épaules solides.

En résumé, **l'énergie du Capricorne nous pousse à placer nos standards de vie très haut**.

Cultiver le feu du Capricorne en toi

Questions d'étoile

Es-tu fier·ère d'être né·e sous le signe du Capricorne ? Pourquoi ?

....

....

Quelle est ta plus grande force, selon toi ?
Volonté / Assurance / Rationalité / Loyauté / Autre

....

Donne un exemple avec un événement concret :

....

....

Quelle est ta plus grande faiblesse, selon toi ?
Pessimisme / Impulsivité / Radinerie / Entêtement / Autre

....

....

Donne un exemple avec un événement concret :

....

....

Pensée positive

Répète-toi quotidiennement, le matin en te regardant dans le miroir ou le soir avant de te coucher : « Je suis fort·e, puissant·e et entreprenant·e. Je suis capable de réaliser mes rêves. »

Parce que le signe du Capricorne est parfaitement capable de se donner les moyens pour atteindre ses objectifs les plus fous. Peu importe si cela prend du temps, il finira toujours par triompher et décrocher la lune.

Défi de l'âme

Lance-toi des petits défis quotidiens que tu notes dans un carnet (en mode *bucket list*) et offre-toi des récompenses (même petites) lorsque tu accomplis quelque chose que tu avais noté !

Cela te permettra de (r)éveiller ton esprit de compétition. Car, après tout, tu es en compétition avec toi-même au quotidien. Le Capricorne ne cherche pas à être meilleur qu'autrui, mais à devenir une meilleure version de lui-même, jour après jour.

Gratitudes

Cite trois choses qui te rendent heureux·se en ce moment même (à voix haute ou pose-les à l'écrit).

....

....

....

La mythologie du Capricorne

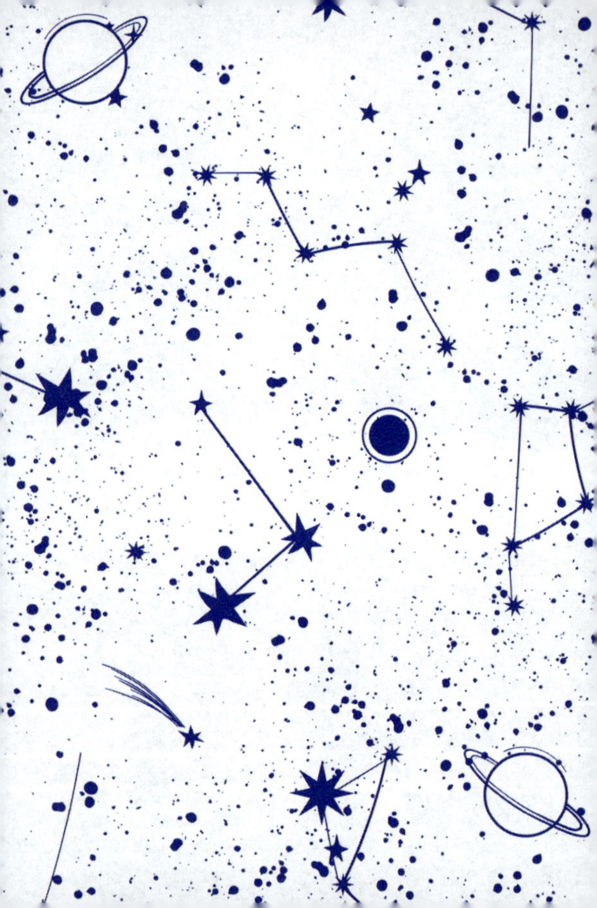

Le Capricorne est considéré comme le papa du zodiaque. D'ailleurs, la maison qu'il gouverne est la maison X, la maison qui se rapporte au parent dominant dans la famille, traditionnellement lié à la figure paternelle. De plus, Saturne, qui est la planète maîtresse du Capricorne, est souvent relié à la symbolique du père sur le thème astral d'une personne. À l'opposé, le signe du Cancer est considéré comme la maman du zodiaque.

Le Capricorne est symboliquement lié au temps, on dit que c'est ce lien qui lui vaut sa patience. Sa saison commence la nuit du solstice d'hiver, qui est la nuit la plus longue de l'année dans l'hémisphère Nord. À partir de ce moment-là, les jours vont commencer à rallonger.

Le corps supérieur du Capricorne représente un bouc, tandis que sa partie inférieure représente une queue de poisson. Il est inspiré du Sukhurmashu, un animal fantastique de la mythologie mésopotamienne.

SATURNE

Saturne, planète maîtresse du Capricorne

♄ **Saturne est la planète qui dirige le signe du Capricorne. C'est la planète qui le représente et qui incarne toute la sagesse et la maturité de ce signe de terre.**

Elle représente le bilan de vie et le karma qu'on a à affronter au cours de sa vie, voire le karma dont on a hérité au sein de la famille.

Cet astre symbolise l'ambition par excellence, la réussite, mais aussi les structures et les leçons de vie. Elle incarne également le père dans son côté contraignant et restrictif, la rigueur, la force.

Le placement de cette planète dans ton thème astral va définir le plan d'action que tu vas mettre en place pour t'élever dans la société, atteindre le succès et une bonne position professionnelle.

C'est la confiance dans la vie, la raison et l'élévation.

Mais c'est aussi, dans toute sa noirceur, la planète de l'ambition négative : elle représente ce qu'on est prêt à sacrifier, voire à trahir, pour atteindre ses buts.

Cet astre t'invite à mûrir, à grandir, à assumer tes responsabilités pour t'intégrer à la société, accéder à la stabilité et à l'organisation.

C'est une planète qui reste deux ans dans son signe, son mouvement n'est pas des plus rapides, elle est considérée comme une planète « lente ». Sa position en maison sera donc plus importante (et parlante) que le signe dans lequel elle se situe sur ton thème. En effet, elle indique alors dans quel domaine ton besoin de structure sera comblé. La peur peut être plus présente dans ce secteur de vie (le secteur de vie lié à la maison dans laquelle se trouve Saturne), mais elle demande à être dépassée malgré le sentiment de frein que suscite Saturne.

Quand cette planète est en dissonance avec une autre (mauvais lien ou opposition), elle peut provoquer des ruptures amoureuses ou une perte d'emploi. Elle peut également engendrer la jalousie, l'hypocrisie et le caprice. De ce fait, cette planète est aussi connue pour représenter nos blocages et certains de nos tabous. Mais Saturne n'est pas une « mauvaise » planète, elle est constructive et structurante – et que serait la vie sans structure ?

Dans ses bons aspects, Saturne apporte sécurité, confiance en soi et prospérité.

Enfin, si Saturne rétrograde dans ton thème natal, cela signifie que le poids du passé et de ta vie antérieure peut se faire ressentir dans cette vie-ci. Tu ressens fortement les limitations de la société et tu as pu grandir dans un contexte qui t'a restreint·e. Cela peut aussi signifier que tu fuis des responsabilités ou, au contraire, que tu en prends trop.

Saturne est à domicile en Capricorne. Ce qui veut dire que la planète se trouve dans son signe et agit alors en harmonie parfaite avec celui-ci, le côté positif de la planète sera accentué.

Son second domicile est en Verseau.

Saturne est en exil en Cancer. La planète est alors dans le signe opposé à sa maîtrise habituelle, ce qui atténue fortement son énergie, elle s'exprime même parfois de manière négative.

Saturne est en exaltation en Balance. Ce qui montre que la planète et le signe se renforcent mutuellement, généralement de manière positive, mais aussi parfois avec excès et tension.

Saturne est en chute en Bélier. La planète et le signe sont en conflit et auront tendance à agir de manières opposées en se laissant entraîner par le signe dans lequel ils se trouvent. Ce qui altère l'énergie de la planète et la freine.

Où se situe Saturne sur ton thème natal ? (signe et maison)

....

....

....

Quelle relation entretiens-tu avec cette planète ? T'influence-t-elle beaucoup ?

....

....

....

....

....

....

Maison X, gouvernée par le Capricorne

En astrologie, les maisons sont au nombre de douze, chacune d'entre elles étant initialement associée à l'énergie d'un signe du zodiaque. Chaque maison représente un champ d'action et d'expérience pour un individu. Ces douze maisons découpent le thème astral et permettent de mieux comprendre le fonctionnement d'une personne dans son quotidien, ses habitudes, ses comportements relationnels, etc.

La maison astrologique qui est dirigée par le signe du Capricorne est la maison X, également appelée « milieu de ciel » (MC).

La maison X symbolise la carrière, les contacts sociaux *via* le travail, ton expansion sur le long terme et là où tu rayonnes sur ton thème astral. C'est un des grands axes de ta carte du ciel et il englobe un des domaines les plus importants de ton quotidien : ton travail, ta carrière et les métiers qui peuvent te permettre de t'épanouir.

D'une certaine manière, la maison X est teintée par l'énergie du Capricorne. C'est la raison pour laquelle elle représente la destinée publique et l'accomplissement social. Elle parle de la vie professionnelle et de la manière dont tu t'inscris dans le collectif.

En fonction du signe qui gouverne ta maison X, on va pouvoir observer comment tu réagis face aux responsabilités et comment tu saisis les opportunités qui se présentent à toi. C'est également ton sens du leadership, ta motivation face au travail et ton ambition.

Les planètes qui se trouvent dans cette maison montrent quels sont les accomplissements que tu seras apte à réaliser, ainsi que les facilités et les difficultés que tu peux rencontrer au travail.

La maison X renseigne également sur la réputation d'une personne, sa potentielle « popularité » auprès des autres.

En dernier lieu, le signe dans lequel se trouve ce fameux « milieu de ciel » peut représenter le signe du parent « dominant » (le père, la mère ou tuteur légal) d'un individu.

N.B. : cette maison X n'est pas forcément en Capricorne sur ton thème astral, car cela dépend de ton signe ascendant – signe qui donne le ton concernant l'emplacement des autres maisons sur ta carte du ciel.

La terre cardinale : élément et mode

Du Père du zodiaque, la fable du Capricorne

Lorsque le Créateur a déposé le Capricorne sur terre, il lui a donné pour mission de veiller au bien-être financier du foyer, ainsi qu'à la sécurité de chaque membre de sa famille. Pour ce faire, ce signe a donc créé une liste de règles fondamentales et de lois à respecter pour son propre bien-être, ainsi que celui de tout autre. C'est l'incarnation même de l'autorité, de la politique et du patriarche.

Son élément est la terre, ce qui indique que c'est un être rationnel, stable et loyal. Le Capricorne est un constructeur, un gérant d'entreprise, un roc sur lequel on peut s'appuyer et à qui on peut demander conseil avant de faire un choix risqué. Il est un trésorier, mais avant tout une personne fidèle et honnête qui aime tenir ses engagements.

Son mode est cardinal. Né au début de l'hiver, avant la créativité du Verseau et la sage spiritualité des Poissons, il nous demande de garder la tête froide et d'être patient, même lorsque le soleil se couche tôt.

C'est l'archétype du politicien, du patron ou encore du gardien du temps. Son énergie, à la fois structurée et ambitieuse, permet aux autres signes de se fixer de beaux objectifs à atteindre sur leur chemin de vie.

Les apprentissages du Capricorne

MON POTENTIEL EST IMMENSE, J'Y CROIS.

DES HAUTS STANDARDS CAR JE LE MÉRITE BIEN.

LES RÊVES… C'EST BIEN ;
LES CONCRÉTISER, C'EST MIEUX.

DES ÉCHECS ? NON, DES LEÇONS !

PATIENCE ET DISCIPLINE SONT DES VERTUS.

Le Capricorne n'est pas du genre à tergiverser et à parler longuement, il préfère agir et montrer que ses actes valent mille paroles. Il est conscient de son potentiel, et tout au long de sa vie son but sera de l'accroître.

Même s'il a un coup de mou, il passe à un autre plan ou à une autre étape pour se redonner de l'énergie.

Il adore écouter les rêveurs et les idéalistes pour s'en inspirer, mais ce qu'il préfère, c'est concrétiser et achever ce qu'il a entrepris. Et notamment inciter les autres à faire de même. Il n'y a rien sans rien, selon lui.

Le Capricorne est un signe sage et mature qui sait que chaque échec lui délivre une précieuse leçon de vie. Il en prendra note pour se (re)mobiliser et aller de l'avant avec puissance et grâce.

Souvent, son énergie est perçue comme quelque chose d'ennuyeux et de trop sérieux… mais en réalité sans patience, sans discipline, sans structure… aucune fondation ne tiendrait le coup ! Le Capricorne est là pour nous rappeler ce qui est fondamental pour le bon fonctionnement de nos vies.

Les citations stars du Capricorne

« LE SUCCÈS NE SE MESURE PAS À LA QUANTITÉ D'ARGENT QUE VOUS GAGNEZ, MAIS À L'IMPACT QUE VOUS AVEZ SUR LA VIE DES GENS. »

Michelle (Robinson) Obama,
Capricorne du 18 janvier

Michelle est née dans un milieu extrêmement modeste (mère secrétaire et père ouvrier) et est la descendante d'anciens esclaves noirs. Dès son plus jeune âge, son but a été d'impacter le monde positivement et de permettre une meilleure vie aux générations futures. Elle entreprend des études en sociologie à l'université de Princeton, puis des études de droit à Harvard. Elle connaît un énorme succès dans sa carrière d'avocate et devient, en 2008, la première dame noire des États-Unis. Aujourd'hui, elle s'engage pour de nombreuses causes (LGBTQI+, obésité, etc.) et notamment l'éducation des jeunes filles dans le monde.

« C'EST TROP COMPLIQUÉ DE SE TORTURER EN SE DEMANDANT POURQUOI LES GENS VOUS AIMENT, POURQUOI ILS VOUS CHOISISSENT. L'IMPORTANT EST QU'ILS LE FASSENT POUR LES BONNES RAISONS ET QUE VOUS AYEZ BOSSÉ POUR LE MÉRITER. »

Vanessa Paradis, Capricorne du 22 décembre

Vanessa était une enfant timide aux résultats moyens à l'école. Mais depuis son plus jeune âge, elle savait qu'elle souhaitait devenir comédienne. Très tôt, elle s'inscrit à des cours de danse, de piano et se présente à de nombreux castings. Elle connaît le succès avec son tube « Joe le Taxi » alors qu'elle n'est qu'adolescente. La suite de son parcours triomphant parle pour elle.

« N'ÉCOUTE PAS CEUX QUI TE DISENT QUE TU N'Y ARRIVERAS PAS, ILS ONT SOUVENT PEUR QUE TU FASSES MIEUX QU'EUX. »

Omar Sy, Capricorne du 20 janvier

Omar a grandi au sein d'une fratrie de huit enfants dont les parents étaient respectivement ouvrier (le papa) et femme de ménage (la maman). Il se fait remarquer par Jamel Debbouze qu'il côtoie lors de son enfance car ils vivent dans le même quartier. Tout doucement, il fait quelques apparitions à la télévision sans connaître un franc succès. Jusqu'en 2011 où il devient la tête d'affiche du film *Intouchables* et remporte le César du meilleur acteur l'année suivante pour le rôle qu'il y incarne.

Indique, toi aussi, tes citations préférées :

....

....

....

....

....

....

....

....

....

....

....

....

Vices et vertus : l'héritage du Capricorne

Entoure les caractéristiques du Capricorne qui te correspondent.

Solitude	Froideur	Introversion	Ambition
Discipline	Responsabilité	Sarcasme	Patience
Méfiance	Pessimisme	Rationalité	Productivité
Discrétion	Stabilité	Loyauté	Sang-froid

Solitude : ce signe est un solitaire, un vrai, qui a besoin de ses moments en solo pour se ressourcer et faire le point avec lui-même avant de redémarrer avec de nouvelles énergies.

Froideur : « impressionnant » serait plutôt le bon mot… le Capricorne impressionne par sa prestance et l'énergie qu'il dégage lorsqu'il arrive dans une pièce.

Introversion : plutôt réservé et discret, il n'aime pas énormément parler de lui. Il préfère que ses actions parlent à sa place.

Ambition : toujours le regard tourné vers ses objectifs et son avenir, il sait ce qu'il veut et pourquoi il se lève chaque matin.

Discipline : pour obtenir ce qu'il désire, il sait qu'il doit suivre une discipline assez stricte et (quasi) quotidienne. Il se donne les moyens d'atteindre ses rêves.

Responsabilité : mature et responsable, il n'a pas froid aux yeux et il endossera les rôles qu'il faut pour le bien-être des autres (mais également du sien).

Sarcasme : on peut souvent le détester pour cela, il n'a pas sa langue dans sa poche et il adore l'humour noir.

Patience : concentré et persévérant, il sait user de patience dans les situations complexes et difficiles.

Méfiance : ténébreux et mystérieux, il a du mal à accorder sa confiance à celleux qui croisent sa route… surtout lorsque ces personnes paraissent étonnamment « trop » parfaites. Il reste sur ses gardes jusqu'à preuve du contraire.

Pessimisme : lorsqu'il est pris dans une spirale négative, il a du mal à s'en sortir. C'est là qu'il a le plus besoin de miser sur ses ressources personnelles… ou de faire appel à une personne en qui il a confiance.

Rationalité : hyper terre à terre, il aura souvent du mal à sortir des sentiers battus et à s'ouvrir l'esprit concernant ce qu'il estime être hors d'un cadre concret.

Productivité : travailleur (souvent acharné), il aime être assidu, efficace, et produire un résultat plus que satisfaisant.

Discrétion : ce n'est pas la personnalité qui se mettra le plus en avant dans un groupe, au contraire, il intriguera les autres avec son mutisme.

Stabilité : « solide comme un roc » est la devise qui colle à la peau de ce signe fiable et stable comme un chêne.

Loyauté : honnête et loyal, il fait tout pour ne pas trahir ses promesses.

Sang-froid : même dans les situations délicates, il garde son calme et permet aux autres autour de lui de revenir à la raison lorsque c'est nécessaire.

Les peurs du Capricorne

Les peurs enfantines du Capricorne sont celles qui sont liées à la perte de contrôle : qu'on lui vole ses jouets (et à l'âge adulte, ses biens et son argent), qu'on ne le prenne pas au sérieux, qu'il se ridiculise devant tout le monde… Ah ! les clowns, aussi, peuvent lui faire peur – après tout, ils n'ont pas toujours été de gentils petits bonhommes qui offrent des ballons aux anniversaires. Aussi, c'est un être superstitieux qui peut facilement avoir peur de petites choses comme passer en dessous d'une échelle, ouvrir un parapluie à l'intérieur ou croiser les couverts.

Parmi ses peurs plus sérieuses, plus concrètes, en vieillissant, le Capricorne craint de ne pas assumer toutes ses responsabilités, de devoir les fuir contre son gré et de paraître instable. En fait, c'est une peur de perdre le contrôle qui s'immisce dans son quotidien, sous différentes formes !

Comment travailler sur tes peurs ?

Ces peurs sont liées à une des blessures fondamentales du Capricorne, on en rediscute ensemble page 107 ! Tu y trouveras quelques conseils. Dans tous les cas, apprends à te faire confiance, mais surtout et avant tout à faire confiance à l'Univers. Essaie de comprendre et d'observer d'où vient cette envie de contrôle et à quel moment de ta vie tu as pu être trahi·e ou humilié·e, pour voir ce que cela a généré en toi et comment tu vis cela aujourd'hui. Parfois, nos peurs cachent des choses bien plus profondes.

Les forces du Capricorne

La force numéro un du Capricorne est sa persévérance. C'est une force que tu partages avec ton acolyte terrien, le Taureau. Vous êtes les deux signes qui construisent et qui prennent le temps (qu'il faut) pour atteindre leurs objectifs. Pour toi, cher Capricorne, peu importe les embûches, les conflits, les détours… tu arriveras toujours à rebondir et à garder la tête froide. Tu es une bête à cornes, et rien ni personne ne peut te faire dévier de ta trajectoire ! Tu sais ce que tu veux… et tu sais ce que tu vaux, ni plus ni moins !

On pourrait, en dehors de cela, citer ta patience, ta réflexion, ton assurance, ta fiabilité… tout ce qui fait de toi une personne digne de confiance pour les autres, mais aussi pour toi-même. Car tu sais que si tu te retrouves seul·e avec toi-même, tu es une bonne compagnie. Tu passeras toujours un bon moment en tête-à-tête avec toi !

Comment développer tes forces ?

En gardant la tête sur les épaules et en cultivant ta patience ! Le *must* serait d'inscrire régulièrement dans ton agenda une activité créative ou qui te permette de te (re)connecter à tes émotions. Cela te permettra de lâcher plus facilement prise dans certaines situations délicates et de laisser la place autant à la tristesse ou la colère qu'à la guérison quand il le faut.

Les porte-bonheurs du Capricorne

- **Jour porte-bonheur :** le samedi, qui fait référence à Saturne. Les jours où la Lune est en signe de terre lui sont également très bénéfiques.
- **Objet porte-bonheur :** une pièce de collection ou un timbre, pour lui rappeler le côté vintage et traditionaliste de notre société.
- **Les lieux :** le bureau, les conférences, les salles de réception ou salles de sport… tout ce qui peut lui permettre de gérer et de créer une méthode solide.
- **La destination du Capricorne :** l'Irlande, l'Écosse, les États-Unis, le Canada… toutes ces destinations qui lui permettront de se reconnecter à la nature tout en faisant du télétravail s'il le désire.
- **La fleur du Capricorne :** la pensée, symbole de considération, d'amour. Elle exprime le souvenir et nous permet de nous remémorer de beaux moments de vie.
- **L'animal porte-bonheur :** la tortue, animal de terre et d'eau (comme le Capricorne), c'est un animal qui poursuit sa route avec patience et lenteur. Sans jamais se soucier du temps qui passe.
- **La couleur du Capricorne :** le bronze, couleur de la réussite et de l'argent.

- **Le chiffre :** 1, chiffre du vainqueur, du gagnant, de celui qui réussit.

As-tu déjà remarqué qu'un de ces symboles revient souvent dans ta vie ?

....

....

....

....

As-tu des anecdotes à raconter par rapport à ces petits porte-bonheurs ?

....

....

....

....

Les cristaux du Capricorne

Chaque cristal diffuse une énergie particulière et possède ses vertus propres. Certaines de ces pierres semi-précieuses peuvent s'allier parfaitement à l'énergie de ton signe.

Œil-de-tigre

Cette belle pierre de protection repousse les mauvaises ondes et la négativité. Elle est parfaite pour t'aider à te recentrer sur toi-même et sur tes ressentis. Elle stimule ta volonté et t'aide à surpasser tes propres limites. Elle combat la dépression et rend plus optimiste. Enfin, elle t'aide dans ta prise de décision.

Mots-clés : protection, optimisme, ambition.

Onyx noir

C'est une pierre puissante qui lutte contre tes idées noires, mais qui, trop souvent portée, peut provoquer l'effet inverse. Il faut apprendre à doser sa puissance. Pierre d'ancrage, elle favorise ta concentration et ton sens des responsabilités.

Mots-clés : ancrage, concentration, équilibre.

Malachite

Cette belle pierre verte favorise ta communication et l'ouverture de ton cœur. Même si elle est surtout connue pour apaiser les maux – dont les blessures émotionnelles profondes, le deuil, la rupture, etc. – elle est aussi réputée pour apaiser les douleurs physiques et corporelles.

Mots-clés : guérison, pardon, apaisement.

Hématite

C'est une pierre de sang, c'est-à-dire qu'elle favorise la circulation sanguine si tu la portes. Elle facilite l'écoute de ton cœur, mais aussi de celui des autres et t'apprend à être patient·e et réfléchi·e. Elle favorise le passage à l'action et permet de gagner en confiance en soi. Enfin, elle a un effet anti-stress sur le corps.

Mots-clés : ancrage, anti-stress, confiance.

Quartz fumé

C'est un cristal très puissant, considéré comme « la pierre de la responsabilité ». Le quartz fumé atténue tes peurs et t'apporte la stabilité émotionnelle. Il permet de surmonter des moments difficiles et de panser certaines blessures du passé. Il travaille énormément sur l'ouverture d'esprit et la spiritualité.

Mots-clés : stabilité, force, spiritualité.

Grenat

C'est une pierre déconseillée aux personnes colériques, hypertendues et jalouses. Elle donne de l'énergie, de la force, du courage et de la persévérance. Elle aide également à la réalisation d'un projet personnel en éloignant toute idée déviante ou inutile. Avec cette pierre, il n'y a aucun frein à la réalisation d'un projet. Pose simplement ton intention en la portant quotidiennement.

Mots-clés : sexualité, courage, éveil.

ENTRETIEN DES PIERRES

Les pierres semi-précieuses ont besoin d'un entretien particulier pour t'accompagner au mieux dans ton quotidien. Au moins une fois par mois ou lorsque la pierre perd de son éclat, il est bon de purifier puis de recharger tes cristaux.

Décharger les pierres :

- en les laissant reposer dans de l'eau légèrement salée ;
- en les passant dans de la fumée d'encens (fumigation) ;
- en les mettant dans un bol tibétain avant de le faire retentir ;

- en les déposant sur un gros lit de sel pendant plusieurs heures.

Recharger les pierres :

- en les posant dans un endroit éclairé par la lumière de la lune (nuit de pleine lune de préférence) ;
- en journée, en les laissant à la lumière naturelle (uniquement pour les pierres qui tolèrent les UV) ;
- en les posant sur une fleur de vie ou un coquillage ;
- en les posant sur un amas d'améthyste ou de quartz ou dans une géode.

Les différentes phases de la Lune

Depuis des millénaires, ce satellite naturel influence le quotidien des êtres vivants. Notamment par sa force gravitationnelle : la Lune aimante l'eau présente sur terre et permet un plus grand soulèvement des marées ; mais aussi par sa lumière lorsque le Soleil se reflète dedans : elle éclaire nos nuits et nous permet de ritualiser la pénombre pour profiter davantage de la nature. D'ailleurs, nos ancêtres avaient pour coutume de planter les graines des légumes lors de la lune croissante, tandis que les grandes cérémonies avaient lieu lors de la pleine lune.

La Lune te guide et t'inspire quotidiennement en fonction de son mouvement, qui est cyclique. Un cycle de la Lune dure environ 29,5 jours. Soit un mois complet qui te permet de lancer de nouveaux projets ou de clôturer des activités qui ont été dûment menées au cours des derniers mois. En fonction de la phase lunaire en cours et du signe dans lequel se positionne la Lune, son énergie aura un impact différent et une signification particulière. Utilisée de manière judicieuse et consciente, l'énergie de la Lune peut t'aider à concrétiser tes objectifs du moment.

Les femmes sont particulièrement connectées au cycle de la Lune, notamment parce que le cycle féminin (qui dure en moyenne 28 jours) a tendance à se calquer sur celui de l'astre lunaire.

En astrologie, la Lune est considérée comme étant un luminaire, c'est-à-dire un point « lumineux » et « rayonnant » du thème astral qui donne énormément d'informations sur la construction de ton inconscient, ton âme et ton intimité. Le signe qui est traversé par la Lune sur ton thème natal est appelé le « signe lunaire » ; il dévoile ta sensibilité, tes émotions et tes besoins quotidiens.

Pour connaître les dates précises des phases de nouvelle lune (nouveau cycle) et de pleine lune (climax du cycle en cours), tu peux te rendre sur la page d'accueil de mon site astrolya.be sur lequel les dates des lunaisons et des transits de planètes sont régulièrement mises à jour.

Le cycle de la Lune

La nouvelle lune

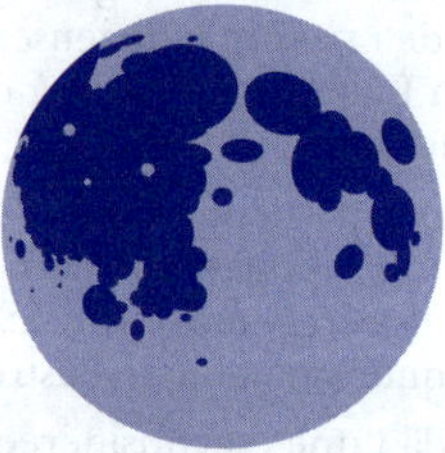

Lorsque la Lune est « noire », invisible dans le ciel car cachée par le Soleil, on dit que c'est la phase de « nouvelle lune ». Cette phase est la première du cycle lunaire, pour ne pas dire la plus importante, c'est le signal qu'une page blanche s'offre à toi ! C'est le moment de démarrer quelque chose de nouveau et de planter des graines de projets pour le nouveau cycle qui démarre. Pose tes intentions et n'aie pas peur de viser haut !

À faire durant cette phase de lune: rédiger tes intentions, démarrer un nouveau projet, imaginer des plans pour le futur.

Lune croissante

L'énergie monte doucement, mais sûrement. Tu peux trouver l'inspiration, conceptualiser, faire des déclarations… C'est la dernière réflexion à avoir avant de passer à l'action, c'est le moment parfait pour commencer à te focaliser sur les détails de ton plan établi lors de la nouvelle lune. Visualise précisément tes désirs et tes espoirs sur le monde qui t'entoure.

À faire durant cette phase de lune: conceptualiser, vérifier, évaluer la situation, établir des plans d'action.

Premier quartier

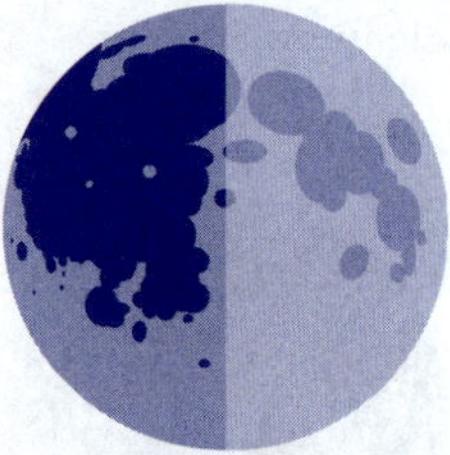

L'action est de mise ! C'est le moment ou jamais de te challenger car l'énergie de cette lunaison t'aide à concrétiser tes objectifs en t'ouvrant la voie vers de nouveaux chemins. Quelques obstacles peuvent se dresser devant toi, alors reste fort·e et lance-toi !

À faire durant cette phase de lune : agir, créer, bouger, se challenger, atteindre ses objectifs.

Gibbeuse montante

C'est la phase des ajustements. Elle représente le moment où tu rassembles tes forces avant de sprinter jusqu'à la ligne d'arrivée. Tu nourris ta vie d'énergies nouvelles, tu fais des corrections, tu ajustes tes plans, tu les redéfinis… Bref, tu alignes tes demandes avec tes actions.

À faire durant cette phase de lune: adapter, corriger, modifier, respirer, faire preuve de patience.

Pleine lune

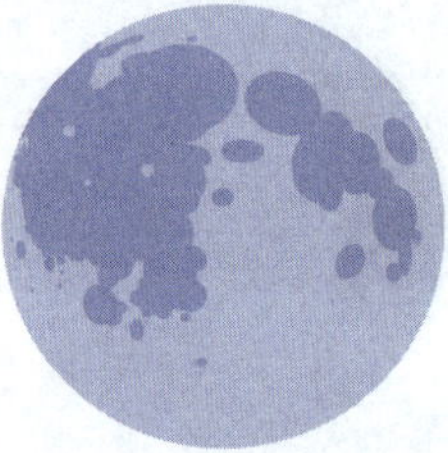

Les émotions se relâchent, tout ce qui ne te sert plus se clôture avec un chapitre de ton passé. C'est un moment de célébration, de victoire, de gratitude et d'épanouissement. Les pages de ce cycle se tournent, de l'espace se libère, en toi et autour de toi, pour laisser place à des nouveautés qui te correspondent davantage.

À faire durant cette phase de lune : relâcher la pression, célébrer, remercier, clôturer, prier.

Lune disséminante

C'est une phase de récolte et de repos, durant laquelle tu accueilles les derniers bénéfices de ce cycle lunaire. Tu reçois, et il ne tient qu'à toi de donner également aux autres et de partager avec tous·tes celleux qui se trouvent autour de toi.

À faire durant cette phase de lune : récolter, partager, relâcher les dernières tensions, clôturer définitivement.

Dernier quartier de lune

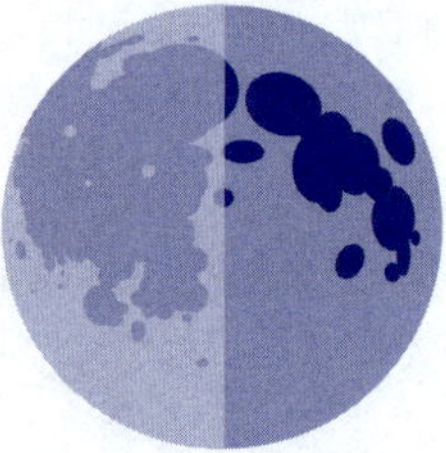

C'est une phase de transition, d'intégration et de pardon. Toutes les énergies négatives ont été évacuées, tu as laissé tes mauvaises habitudes derrière toi et tu t'ouvres désormais à de nouvelles perspectives. C'est une période généralement très calme, pour ne pas dire « creuse », au cours de laquelle il ne se déroule pas grand-chose. Car tout est parfait ainsi, que la situation soit confortable ou inconfortable : tu acceptes le changement.

À faire durant cette phase de lune : se transformer, modifier ses habitudes, accepter ce qui est, s'ouvrir à la nouveauté.

Lune balsamique

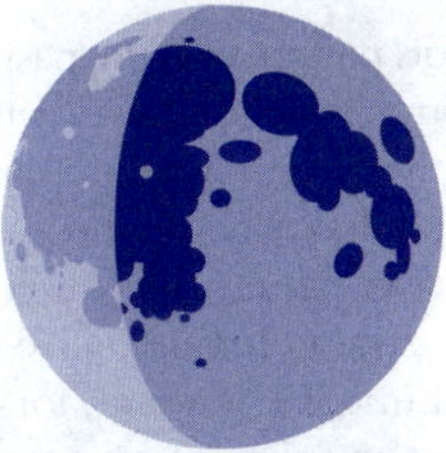

Cette dernière phase de lune avant le retour à la case départ t'intime de te reposer, de rester au calme et de te laisser guider par ton intuition. Prends le recul nécessaire pour observer les quatre dernières semaines qui se sont écoulées, remercie-toi, dresse la liste de tes gratitudes et prépare-toi à entrer dans un nouveau cycle.

À faire durant cette phase de lune : se reposer, prendre du recul, s'écouter, être doux·ce envers soi-même, guérir.

Les lunaisons en Capricorne

Environ une fois par an, la Lune passe à travers ton signe astrologique : une fois lorsqu'elle est en phase de nouvelle lune (non visible depuis la Terre) et, une seconde fois, lorsqu'elle est en phase de pleine lune. Cela n'arrive pas chaque année, tout dépend du calendrier astral et lunaire, ainsi que du déplacement de la Lune. Cependant, lorsque les cycles lunaires entrent en cohésion avec ton signe astrologique, c'est le moment de faire le plein de bonnes énergies et de t'aligner avec ton moi profond.

Bien vivre une nouvelle lune en Capricorne (début de l'hiver)

C'est une nouvelle lune qui te permet de te projeter dans l'avenir pour t'aider à construire un nid douillet parfait. Attention à ne pas t'embarquer dans un tourbillon d'actions irréfléchies – car tu pourrais en subir les conséquences par la suite. Pour cela, garde en tête que chaque personne évolue à son rythme. L'onyx (ou le quartz fumé, selon ta préférence) sera ton meilleur allié à ce moment-là, car il aide à garder le contrôle des émotions et tu pourras alors développer tes projets. Il te donne de la force et apaise ton stress. Il te permet de te rendre maître de ton avenir en t'apportant de la clarté.

Bien vivre une pleine lune en Capricorne (début de l'été)

Le mot d'ordre est : lâcher-prise. Cette lune apporte du discernement et une capacité à avancer dans tes projets. Regarde ce qui se passe dans ta vie, ne fais pas l'autruche et accepte les sentiments qui te submergent. Cette lune t'invite aussi à trouver l'équilibre entre tes projets pros et ta vie perso. Apprend à être simplement toi – sans pour autant faire quelque chose dans l'heure qui vient. Accepte aussi que tu ne peux pas gérer ton temps à la seconde près, écoute ton cœur pour prendre une décision. Tu peux, par exemple, méditer quelques minutes avant de prendre une décision capitale.

Rituel du Capricorne

Voici un rituel pensé sur-mesure pour une lunaison en Capricorne, ou idéal à réaliser lors d'une nouvelle lune. Pour ce rituel, tu as besoin de :

- prendre de quoi écrire ;
- t'installer confortablement dans une pièce calme ;

- allumer une bougie ou de l'encens (si tu le désires) ;
- prendre un thé – ou un verre de rosé si tu préfères.

1. Après avoir pris trois grandes respirations, dessine quatre cercles entrecroisés. Tu auras alors au centre un espace commun aux quatre cercles.
2. Dans les cercles, inscris ce que tu aimes, ce pour quoi tu es doué·e, ce pour quoi tu veux gagner ta vie et ce dont le monde a besoin.

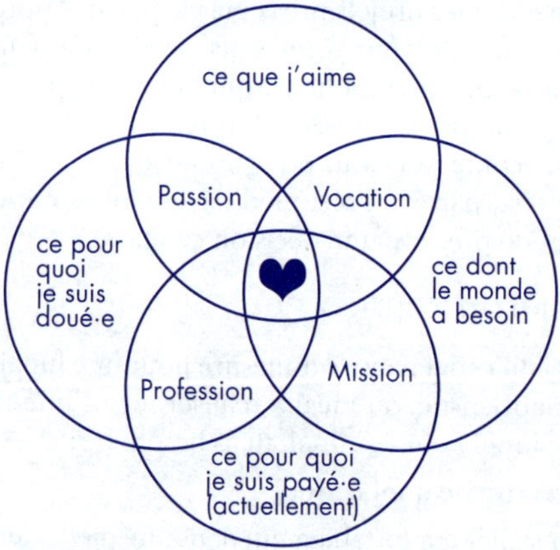

3. Analyse les éléments qui se recoupent pour te rapprocher de ton emploi idéal. Au centre, tu retrouveras le job qui donnera le plus de sens à ta vie, qui te rendra heureux·se.

C'est ce qui s'appelle la « méthode Ikigai », si tu désires te renseigner davantage.

4. Trouve ensuite des personnes qui ont réussi dans ce domaine et inspire-toi de leur parcours pour y arriver. Épingle certaines de leurs photos, regarde-les et tente de te visualiser dans des situations similaires à celles de personnes qui t'inspirent.

D'autres conseils pour t'évader spirituellement parlant :

- Crée un *moodboard* avec un tas de photos et d'illustrations qui t'incitent à donner le meilleur de toi-même et à planifier certains grands objectifs de ton futur.
- Fais une méditation d'ancrage pour te reconnecter à l'instant présent.
- Tu peux aussi décider de poser tes gratitudes sur papier ou encore de faire une liste d'affirmations pour stimuler ta confiance en toi.

Ce sont autant d'exemples pour apprendre à te (re)connecter à l'énergie ambitieuse et concrète du Capricorne.

Ton climat intérieur : terrien ou aérien ?

Même si tu es né·e sous le signe du Capricorne, sache que ton élément dominant n'est pas forcément la terre ! Tu peux très bien être un Capricorne de feu, d'air ou de feu. Cela dépend du nombre de planètes de ton thème astral qui se trouvent dans tel ou tel élément.

Par exemple, une personne qui est Capricorne, mais avec six planètes en élément air risque fortement d'avoir une dominante dans cet élément. Bien évidemment, cela va influencer sa personnalité et sa manière d'être. Dans cet exemple, un Capricorne d'air sera beaucoup plus extraverti et dispersé qu'un Capricorne pur terre !

Pour connaître ton élément dominant, rends-toi sur astrotheme.fr dans l'onglet « Calcul de l'élément dominant », pour en savoir davantage sur ta personnalité et ton thème natal.

Quel est ton élément dominant ? Sur quel(s) point(s) t'y retrouves-tu ?

....

....

....

....

Périodes critiques et périodes aisées

As-tu déjà remarqué que tu te sens bien à certaines périodes de l'année et beaucoup moins lors d'autres périodes ?

....

....

Quelles sont les périodes durant lesquelles tu te sens le mieux ? (Mois en particulier, saison, etc.)

....

....

Quelles sont les périodes durant lesquelles tu te sens le moins bien dans ta peau ? (Mois en particulier, saison, etc.)

....

....

Généralement, les personnes nées sous le signe du Capricorne peuvent se sentir particulièrement bien lors des périodes où le Soleil transite dans les signes de terre : Taureau (mai), Vierge (septembre) et Capricorne (janvier). On dira que le ciel leur est favorable. Tandis que les saisons du Bélier (avril) et de la Balance (octobre) peuvent être plus difficiles à vivre car le Soleil est en carré (aspect négatif) avec tes énergies. Enfin, la saison du Cancer (juillet) est un parfait moment pour poser un premier bilan sur ton année en cours. C'est la période où le Soleil est dans ton signe complémentaire, ce qui veut dire que tu es à mi-parcours. Car, en astrologie, on part du principe que ton année personnelle débute à la date de ton anniversaire. Une carte spéciale appelée « révolution solaire » peut être dressée chaque année à la date de ton anniversaire pour voir les événements marquants et importants de ton année en cours.

Les dernières périodes qui peuvent t'être particulièrement favorables sont celles du Scorpion (novembre) et des Poissons (mars).

Avais-tu déjà observé ces fluctuations dans ton énergie ? En as-tu déjà observé d'autres ? Si oui, quelles sont ces périodes et à quoi peux-tu les rattacher ?

....

....

Le chemin de vie du Capricorne

Pour mieux comprendre le chemin de vie d'une âme, l'astrologie propose de s'attarder sur les nœuds lunaires. Ce sont deux points mathématiques qu'on calcule dans le ciel sur base de la position de la Lune au jour et à l'heure de la naissance.

Le **nœud Sud** représenterait « l'acquis » d'une personne. Ses capacités innées, ses habitudes, sa manière d'agir dans son passé (voire dans une potentielle vie antérieure selon l'astrologie karmique) et certains astrologues partent même du principe que c'est le signe astrologique qu'on avait dans son ancienne vie.

Le **nœud Nord** représenterait « l'évolution », pour ne pas dire l'accomplissement, ce vers quoi on doit aller pour s'épanouir et trouver la parfaite harmonie, la paix intérieure. Ce sont les compétences qu'il conviendrait d'acquérir et d'apprendre pour cheminer vers son projet d'âme.

Ces nœuds lunaires se trouvent toujours dans les signes complémentaires car ils s'opposent exactement à 180° l'un de l'autre. Ainsi, si tu as, par exemple, ton nœud Sud en Balance, ton nœud Nord sera en Bélier. Pour calculer leur emplacement, c'est toujours la même formule : rends-toi sur astrotheme.fr, dans l'onglet « Ascendant et thème astral ».

Exemple d'interprétation :
Un nœud Sud en Cancer indique qu'une personne a pu passer sa vie à prendre soin des autres et tout particulièrement de sa famille, de ses enfants et de ses proches. Dans ses habitudes, cette personne est très émotive, douce et sincère, mais elle doute souvent de ses capacités au travail. Elle peut facilement se détourner de la carrière de ses rêves. Le nœud Nord en Capricorne lui demande donc d'accepter ses désirs professionnels, de se battre pour ses convictions et de devenir sa propre autorité. On lui demande de s'affranchir de ses pensées limitantes et d'accepter d'embrasser ses compétences. L'équilibre entre travail et vie de famille sera primordial.

Évolution et expansion du Capricorne : énergie non évoluée *vs* énergie évoluée

Évolution et expansion du Capricorne

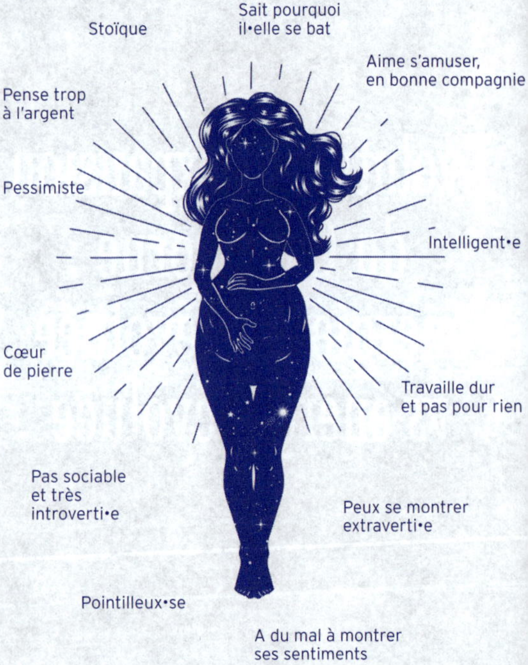

Sur son chemin de vie, le Capricorne apprendra à évoluer pour son bien-être et celui des personnes qui l'entourent.

Dans ses énergies dites de « basse fréquence », le Capricorne remplit correctement les stéréotypes et les clichés qui lui sont accolés : c'est une âme solitaire, froide et stoïque qui se laisse vite aller vers les parts sombres de sa personnalité, et qui peut faire preuve de pessimisme. Il déteste dévoiler ses émotions et ne s'entoure que de très peu de monde, voire de personne, pour atteindre ses objectifs individuels.

En revanche, dans ses énergies dites de « haute fréquence », le Capricorne transformera sa fâcheuse tendance à l'isolement en ambition, mais il acceptera également de partager ses connaissances, ses bons plans et du temps avec celleux qu'il aime (et qu'il trie sur le volet). Il montrera plus aisément ses sentiments et demandera conseil, voire de l'aide, lorsqu'il sait qu'il ne peut pas atteindre ses objectifs seuls – et qu'il peut en faire profiter d'autres personnes.

Passer de l'énergie non évoluée à l'énergie évoluée est un travail de longue haleine qui nécessite du temps et de la compréhension de soi… Le secret est d'abord d'accepter tes faiblesses pour, ensuite, sublimer tes points forts.

« UNE COLONNE VERTÉBRALE EN FER,
UN CŒUR EN OR. »

Les blessures du Capricorne

Un sujet moins agréable et moins *fun*, mais qui a également tout son sens. Si une blessure peut souvent s'exprimer *via* une peur, elle peut également entraver ton chemin de vie et t'empêcher de briller pour qui tu es réellement.

Ta première blessure : le contrôle, cette difficulté à lâcher prise

Tu ressens le besoin de maîtriser tes émotions et ta vie. Ton obsession peut se traduire par une certaine froideur et de la distance. Tu peux te montrer fort pessimiste et assez cynique. Tu as besoin de suivre les règles et les lois, tu as tendance à être psychorigide. Ton addiction est le travail. Vrai bourreau du travail, tu es en quête d'un confort matériel. Le lâcher-prise t'est difficile. Tu peux avoir peur de manquer ou de ne pas pouvoir subvenir à tes besoins.

Ta seconde blessure : la vulnérabilité, la peur de dévoiler tes faiblesses

Elle est bien évidemment liée à la première… Cela fait de toi une personne qui est attirée par les figures d'autorité. Car tu as envie d'en être une ou d'en suivre une de près. Il est aussi possible que tu recherches la solitude ou que tu sois très timide car tu as tout simplement peur de l'intimité émotionnelle. Tu as peur d'être trahi·e ou blessé·e si tu laisses quiconque atteindre ton cœur. Tu as peur du rejet, de risquer de fendre ta carapace et d'être vulnérable si tu lâches prise.

Ces blessures sont amplifiées si tu as Chiron ou Lilith (Lune Noire vraie) en Capricorne et/ou en maison X sur ton thème.

Comment soigner ces blessures ?

Pour te sortir de cette zone d'ombre, tu dois apprendre à cultiver ta maturité et ta sagesse. Ouvre-toi aux autres. Sois moins intransigeant·e et autoritaire. Tu comprendras que tu ne seras jamais le·la perdant·e lorsque tu as agi en écoutant ton cœur et tes émotions mais que l'autre t'a tout de même blessé·e et heurté·e. Si, au début, tu as peur de faire part de tes émotions à autrui, laisse-toi déjà des espaces et des créneaux horaires dans ton planning chargé pour t'octroyer du temps pour ressentir tes émotions : *via* le sport, la méditation, une activité créative… Si tu te fais confiance pour te soutenir, tu feras plus facilement confiance à autrui. Une fois guéri·e ou en voie de guérison, tu seras capable d'aider les autres à prendre confiance en leur autorité et en leur pouvoir unique.

Points d'amélioration du tempérament Capricorne

Rigidité : apprends à lâcher prise, pas à pas… à tolérer l'erreur, voire l'échec. La pratique d'un sport peut t'aider à cela, à gagner en confiance en toi sur d'autres plans et à davantage apprécier le trajet et l'aventure, plutôt que de te focaliser uniquement sur la destination.

Radinerie : la vie est courte ! Même si la sécurité financière est importante, bloquer de l'argent inutilement ne fait que court-circuiter l'abondance – et ton bonheur potentiel.

Pessimisme : car dès que tu es négatif·ve, tu le restes très (voire trop) longtemps. Tu rentres souvent dans un cercle vicieux où tu t'isoles… Même si c'est dur, n'obéis pas à ton premier réflexe ! Si la solitude te ressource, tant mieux. Mais ne reste pas dans l'inactivité. Fais du sport, regarde un film qui te fait rire, prépare-toi un repas qui te met l'eau à la bouche, téléphone à ton·ta meilleur·e pote, programme un petit instant de détente, marche en pleine nature… Insuffle de la vie dans ton quotidien pour ne pas rester dans l'obscurité !

Entêtement : note les raisons qui font que tu campes sur tes positions. Ensuite, confronte ton avis avec celleux que tu aimes, sans les interrompre et en les laissant t'adresser leurs pensées les plus sincères.

C'est sûr qu'une ou deux de leurs idées te feront réfléchir !

Solitude : même si la solitude te fait énormément de bien, elle peut souvent cacher une difficulté à sortir de ta zone de confort ou d'accorder ta confiance à ceux que tu rencontres. Apprends à faire davantage confiance en la vie, aux expériences et aux personnes que tu découvres pour remplir ton cœur de joie et d'amour. Tu verras qu'être en bonne compagnie ne te fera plus croire que l'autre est ton ennemi, au contraire ! Plus tu deviendras ami·e avec l'autre, plus tu seras ton· ta propre ami·e !

Dans quelles proportions es-tu Capricorne ?

Ambitieux·se, tu te donnes les moyens d'atteindre tes objectifs :

OUI ❑ NON ❑

Calme et prudent·e, tu inspires le respect :

OUI ❑ NON ❑

Tu es à cheval sur les principes et les valeurs :

OUI ❑ NON ❑

Tu as du mal à accepter de l'aide de la part d'autrui :

OUI ❑ NON ❑

Plutôt soigneux·se, tu fais attention à ton apparence :

OUI ❑ NON ❑

Tu n'abandonnes pas après un échec :

OUI ❑ NON ❑

Tu as un humour noir et sarcastique :

OUI ❑ NON ❑

Assez modeste, tu préfères que tes succès parlent pour toi :

OUI ❑ NON ❑

Secrèt·e, tu ne fais pas part de tous tes projets aux autres :

OUI ❑ NON ❑

Malgré ton apparence intimidante, tu as un cœur tendre et romantique :

OUI ❑ NON ❑

VERDICT ! À quel pourcentage es-tu réellement Capricorne ? (1 OUI = 10 %)

....

....

As-tu déjà observé qu'un autre signe prenait beaucoup de place au sein de ta personnalité ? Si oui, lequel ? Pourquoi ?

....

....

....

Le Capricorne au travail

Le Capricorne a de hauts standards, mais son honnêteté, son dévouement et sa persévérance le mèneront à ses objectifs. Il valorise la loyauté et le travail consciencieux, ce sont des valeurs qu'il partage même avec ses collègues, ses associés ou son·sa patron·ne. C'est quelqu'un qui aime le travail bien fait, qui ne craint pas d'y consacrer de longues heures et qui s'engage complètement pour obtenir le résultat qu'il convoite. Il brille dans des emplois relatifs à la gestion, la finance, la programmation ou qui demandent de la méthode et une quelconque stratégie. Profondément attaché aux traditions, il peut avoir du mal à sortir des conventions et à changer de métier même quand celui qu'il exerce actuellement ne lui plaît plus.

L'argent est vraiment précieux à ses yeux, et il n'aura pas beaucoup de mal à le gérer et à en économiser pour les jours plus difficiles, il fera tout pour éviter les dettes et subvenir à ses besoins sans devoir songer quotidiennement à ses gains. Travailleur acharné et/ou ambitieux, il fera tout ce qu'il peut pour se libérer d'un prêt ou d'une hypothèque à tout moment. Même s'il garde en tête que le vrai succès n'apparaîtra que sur le long terme.

Sa carrière idéale : gestionnaire, commercial·e, responsable marketing, responsable en ressources humaines, comptable, banquier·ère, pharmacien·ne, médecin, avocat·e, ingénieur·e, physicien·ne, coach de vie, sportif·ve de haut niveau, commerçant·e, agent·e immobilier, etc.

Le Capricorne en famille

Les traditions familiales tiennent à cœur au Capricorne. Il se sent généralement connecté à chaque phase de son passé et de son enfance, et il adore ressortir ces souvenirs chaque fois qu'une saison de vacances ou un anniversaire approche. Le père est une figure extrêmement importante dans sa vie, qui a une influence considérable sur l'image de soi au fil des années. S'il devient parent à son tour, il a tendance à être strict mais juste, assumant volontiers les responsabilités qui accompagnent la charge d'un enfant. Il cherchera à perpétuer les traditions et à lui apprendre ce qu'il connaît.

Souvent, ce signe développe un lien particulier avec ses parents ou la personne qu'il considère comme telle et qui a veillé à son éducation. Très reconnaissant, il fera tout pour prendre soin de ces personnes et pour veiller sur elles.

Les compatibilités amicales du Capricorne

Le Capricorne est un grand ami, loyal et honnête à tout prix. Intelligent, drôle et rationnel, il est souvent un roc pour les personnes qui font partie de son entourage. Cependant, en retour, il est très exigeant en amitié et, s'il n'a généralement pas un grand cercle d'ami·e·s, c'est parce qu'il est très sélectif. Il essaie de s'entourer de personnes très honnêtes et fidèles.

Ce n'est pas forcément un asocial comme certains clichés de l'astrologie essaient de le faire croire. C'est simplement un être qui a besoin de tout son espace personnel et de sa solitude pour se recentrer et comprendre là où il veut arriver au final.

Il cherche à construire des relations sur le long terme avec des personnalités fiables, drôles et originales.

L'amitié du Capricorne : signe par signe

Capricorne – Bélier : quand on parle travail et ambition, ils s'accordent, mais lorsque l'un essaie de prendre le dessus sur l'autre, là ça devient compliqué.

Capricorne – Taureau : une paire qui est exceptionnelle lorsque cette amitié naît au travail. Ils sont capables de devenir le *partner in crime* l'un de l'autre !

Capricorne – Gémeaux : souvent, le Capricorne est mal jugé par les Gémeaux qui le trouvent ennuyeux. Tandis qu'à l'inverse, le Capricorne trouve les Gémeaux trop enfantins et indécis.

Capricorne – Cancer : le Capricorne vient temporiser les excès émotionnels du Cancer, tandis que celui-ci permet au premier d'accepter sa part la plus vulnérable et sensible. Ça matche !

Capricorne – Lion : malgré leurs grandes différences, ils s'affectionnent tout particulièrement car ils partagent les mêmes valeurs de fidélité et de loyauté.

Capricorne – Vierge : une des meilleures paires du zodiaque, ils ont tout pour s'entendre ! Ensemble, ils se motiveront pour atteindre leurs objectifs en respectant l'espace personnel l'un de l'autre.

Capricorne – Balance : ils s'entendent difficilement car le Capricorne est rarement de la partie pour participer aux soirées improvisées de la Balance, tandis que cette dernière peut paraître superficielle aux yeux du Capricorne.

Capricorne – Scorpion: ces deux-là ont un mode de fonctionnement hypra similaire qui fait qu'ils s'entendent à merveille et partagent énormément de choses… à commencer par leur ambition.

Capricorne – Sagittaire: ils peuvent bien s'entendre, du moment que le Capricorne ne se montre pas trop ronchon et que le Sagittaire ne s'amuse pas à taquiner son ami sur des sujets sensibles…

Capricorne – Capricorne: une bonne paire de collègues… ou de personnes qui aiment fêter le nouvel an ensemble ! Rien n'indique qu'ils ne pourraient pas bien s'entendre.

Capricorne – Verseau: ces deux signes consécutifs s'entendent super bien ! Ils ont une vision similaire de la vie et des valeurs communes.

Capricorne – Poissons: de super *partners in crime* qui refont le monde à leur façon… le Capricorne apprend aux Poissons à gérer et apaiser leurs émotions, tandis que ces derniers font sortir le Capricorne de sa zone de confort.

Thermomètre amical

Poissons

Vierge

Scorpion

Taureau

Cancer

Verseau

Sagittaire

Capricorne

Gémeaux

Lion

Bélier

Balance

Tes amitiés astrales

Prends le temps d'écrire ici le nom des personnes qui font partie de ton entourage, leurs signes astrologiques et les choses que tu apprécies et/ou que tu admires le plus chez celles qui constituent ton univers. Car, bien souvent, les personnes qui nous inspirent le plus font partie de notre cercle proche.

Et tu sais ce qu'on dit en astrologie : « Il n'y a pas de hasard, que des rencontres… avec des âmes sœurs ! »

Prénom et nom de cette Âme Sœur :

....

Son signe astrologique (et ascendant, si tu le connais) :

....

Jour de notre rencontre (et/ou lieu) :

....

Ce que j'apprécie particulièrement chez elle ou lui :

....

Prénom et nom de cette Âme Sœur :

....

Son signe astrologique (et ascendant, si tu le connais) :

....

Jour de notre rencontre (et/ou lieu) :

....

Ce que j'apprécie particulièrement chez elle ou lui :

....

Prénom et nom de cette Âme Sœur :

....

Son signe astrologique (et ascendant, si tu le connais) :

....

Jour de notre rencontre (et/ou lieu) :

....

Ce que j'apprécie particulièrement chez elle ou lui :

....

Prénom et nom de cette Âme Sœur :

....

Son signe astrologique (et ascendant, si tu le connais) :

....

Jour de notre rencontre (et/ou lieu) :

....

Ce que j'apprécie particulièrement chez elle ou lui :

....

Prénom et nom de cette Âme Sœur :

....

Son signe astrologique (et ascendant, si tu le connais) :

....

Jour de notre rencontre (et/ou lieu) :

....

Ce que j'apprécie particulièrement chez elle ou lui :

....

Prénom et nom de cette Âme Sœur :

....

Son signe astrologique (et ascendant, si tu le connais) :

....

Jour de notre rencontre (et/ou lieu) :

....

Ce que j'apprécie particulièrement chez elle ou lui :

....

Les compatibilités amoureuses du Capricorne

Le Capricorne a beau avoir du mal à exprimer ses émotions, cela n'entache en rien ses sentiments et sa fidélité à toute épreuve. C'est une personne sérieuse qui exprime ses sentiments davantage à travers ses actions que ses paroles. En revanche, cela est difficile de prendre le dessus sur cet amoureux au fort caractère.

Il peut se montrer rancunier lorsqu'il est blessé. Cela peut d'ailleurs être compliqué pour lui de se remettre d'une rupture amoureuse. Il prendra le temps nécessaire pour se reconstruire et pourra même rester longtemps seul avant de se remettre en couple. C'est ce qui peut même le pousser à se replier sur lui-même pour comprendre ce qui n'a pas fonctionné sur le plan émotionnel et relationnel. Mais lorsqu'il guérit, l'amour frappe à sa porte aussitôt.

Les meilleures compatibilités pour le Capricorne

Taureau, Scorpion, Vierge, Poissons, Cancer, Capricorne[1].

L'amour du Capricorne : signe par signe

Capricorne – Bélier : un amour possible si les deux partenaires acceptent de mettre de côté, de temps en temps, leur ambition pour passer du temps ensemble et s'apprécier l'un l'autre.

Capricorne – Taureau : un couple qui dure sur le long terme lorsque les deux sont prêts à passer moins de temps au travail et à se concentrer uniquement sur leur amour.

1. Les compatibilités notées ici sont dites « générales », ce sont uniquement les compatibilités entre les différents signes solaires, le thème astral n'est pas pris en compte.

Capricorne – Gémeaux : en amour, les Gémeaux permettent au Capricorne d'intégrer de la légèreté dans son quotidien, alors que ce dernier apportera la stabilité qui manque aux Gémeaux.

Capricorne – Cancer : la paire complémentaire qui s'adore ou se déteste ! En effet, ce n'est que lorsque la carapace du Capricorne est brisée et que le cœur du Cancer se solidifie que ces deux-là peuvent réellement vibrer sur la même fréquence émotionnelle.

Capricorne – Lion : s'ils trouvent leur équilibre en partageant plus d'un objectif, ces deux signes sont capables d'aller très loin ensemble et de construire leur cocon.

Capricorne – Vierge : autant en amitié qu'en amour, ça fonctionne ! Ces deux signes ont les mêmes objectifs de vie et regardent dans la même direction… que dire d'autre ?

Capricorne – Balance : une paire complexe lorsque le Capricorne se met à être jaloux face au comportement séducteur de la Balance… et que la Balance se lasse du tempérament trop sérieux du Capricorne.

Capricorne – Scorpion : un couple de pouvoir qui construit son empire ensemble. Ils savent ce qu'ils veulent et ce qu'ils peuvent s'apporter l'un à l'autre pour dominer le monde.

Capricorne – Sagittaire : un couple qui n'est pas rare car ils peuvent œuvrer ensemble et se soutenir autant dans leurs projets respectifs que communs.

Capricorne – Capricorne : cela fonctionne du moment qu'ils mettent le travail de côté et qu'ils acceptent d'embrasser entièrement le feu qui consume leurs cœurs. Sinon, ils se quitteront car ils avanceront sur leurs chemins individuels.

Capricorne – Verseau : il n'est pas rare de les voir en couple car l'un apporte la stabilité et la tradition, tandis que l'autre apporte le piment et l'originalité. Ils créent leur propre cocktail d'amour.

Capricorne – Poissons : un couple romantique qui en surprend plus d'un·e ! Et pourtant, lorsque leurs cœurs se rencontrent, c'est un cortège émotionnel et une bulle d'amour qui se forme.

Thermomètre amoureux

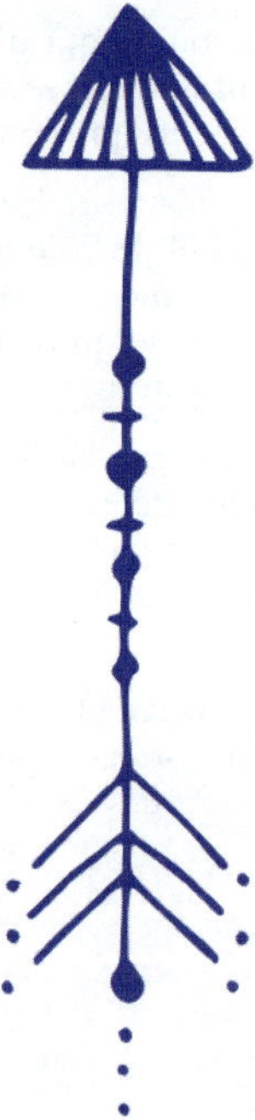

Poissons

Vierge

Scorpion

Taureau

Verseau

Cancer

Sagittaire

Capricorne

Gémeaux

Lion

Bélier

Balance

L'amour sur ton thème astral

Pour mieux comprendre ta manière de fonctionner en amour, repère où se trouvent les éléments importants à observer sur ta carte du ciel. Réfère-toi au tableau en page suivante pour mieux comprendre tes planètes. Pour chacune d'entre elles, tu peux compléter les qualificatifs en te référant au signe dans lequel elle se trouve sur ta carte du ciel.

Pour rappel, rends-toi sur astrotheme.fr dans l'onglet « Ascendant et thème astral », pour découvrir tes placements de planètes.

Vénus, planète de l'amour, des sentiments et des valeurs.

J'ai Vénus en

....

Ce qui veut dire que j'aime de manière

....

Mars, planète de l'action, des désirs et de la sexualité

J'ai Mars en

....

Ce qui veut dire que je désire de manière

....

Descendant et ascendant

Le signe descendant représente le type de personnes qui m'attirent et ce que je recherche dans mes relations avec les autres. Il montre aussi comment j'interagis avec ceux qui m'entourent et ce dont j'ai besoin sur le long terme. (Il est exactement à l'opposé de l'ascendant qui, lui, représente ma manière d'être en société et une grande part de ma personnalité.)

Mon signe descendant est le

....

Ce qui indique que j'adore les personnes

....

Enfin, le Soleil et la Lune sont également des éléments très importants à prendre en considération dans tes relations amoureuses. Je t'invite à relire les pages explicatives sur ces deux luminaires si ce n'est pas déjà fait.

	Vénus	**Mars**	**Descendant**
Bélier	Passionnée	Ardente	Entreprenante
Taureau	Romantique	Sensuelle	Stable
Gémeaux	Évasive	Lunatique	Sociable
Cancer	Maternante	Émotive	Sensible
Lion	Dominante	Puissante	Solaire
Vierge	Discrète	Intellectuelle	Responsable
Balance	Affectueuse	Équilibrée	Charmante
Scorpion	Intense	Passionnée	Charismatique
Sagittaire	Libre	Spontanée	Indépendante
Capricorne	Sérieuse	Durable	Ambitieuse
Verseau	Intellectuelle	Enjouée	Originale
Poissons	Douce	Mystérieuse	Rêveuse

Liste de gratitudes

À réaliser pour le plaisir, en début de journée ou en fin de journée.

Notes-y toutes les choses pour lesquelles tu t'estimes chanceux·se et toutes ces choses qui font ton bonheur au quotidien. Le défi est de réaliser une liste de gratitudes lors des jours où tu n'es pas au top et que tu as un coup de mou !

....

....

....

....

....

....

....

....

....

Chèque d'abondance

Tu trouveras sur la page suivante un chèque d'abondance à remplir. Les chèques d'abondance se remplissent à la nouvelle lune (voir calendrier lunaire sur astrolya.be) et se brûlent ou se déchirent à la pleine lune. Tu peux y inscrire une somme d'argent que tu souhaites obtenir, un souhait, un vœu qui t'est cher ou toute chose que tu aimerais que l'Univers t'apporte pour le prochain cycle. Une fois que tu l'as complété, découpe-le et range-le dans un endroit sécurisé mais où tu pourras le voir chaque jour… Ou au contraire, range-le dans un placard pour ne plus le voir jusqu'à la prochaine lunaison ! Concentre-toi ensuite sur tes désirs sans penser à quand l'abondance arrivera. Lâche prise et ne contrôle rien… jusqu'au jour où ton dû te reviendra.

Exemple de chèque d'abondance :

Banque Universelle de l'Univers
1, Av. de la Gratitude
La Galaxie des Étoiles

Date : ....

Payé intégralement : ....

À l'ordre de : ....

Par la loi de l'abondance,
gratitude de l'Univers

Signature :

Développement personnel, tes atouts

L'astrologie te murmure que tu as des super-pouvoirs !

Tu as des qualités uniques, héritées du placement des astres lors du jour de ta naissance. Ces atouts sont de réelles forces que tu dois apprendre à mettre en pratique régulièrement pour mieux t'épanouir au quotidien…

Entoure-les et/ou inscris-les sur cette page et contextualise-les. Les jours où ton moral est moins bon, relis ces pages pour te donner un coup de boost !

N'hésite pas à sonder les personnes de ton entourage pour avoir leur avis, celleux qui nous aiment ont toujours une vision de nous particulière et bienveillante.

Mon atout n° 1 :

Persévérance – Patience – Force – Autre

....

Je donne un exemple concret pour illustrer ce point fort :

....

Mon atout n° 2 :

Maturité – Rationalité – Dynamisme – Autre

....

Je donne un exemple concret pour illustrer ce point fort :

....

Mon atout n° 3 :

Honnêteté – Ambition – Fidélité – Autre

....

Je donne un exemple concret pour illustrer ce point fort :

....

Mon atout n° 4:
Respect – Douceur – Réflexion – Autre

....

Je donne un exemple concret pour illustrer ce point fort:

....

Mon atout n° 5:
Forme physique – Gestion – Conseil – Autre

....

Je donne un exemple concret pour illustrer ce point fort:

....

Cultive ton pouvoir d'étoile

Les étoiles sont là pour t'aider et te guider vers une meilleure compréhension de toi-même. Mais, au final, c'est toi, le roi ou la reine de ta vie, qui disposes des clés pour franchir les étapes, les unes après les autres, jusqu'à atteindre tes plus hauts objectifs.

Cet exercice est là pour que tu puisses faire le point sur l'instant présent, sur ce que tu vis actuellement et ce que tu mets en place dans les jours qui construisent ton quotidien. Pour mieux agir sur ton futur, il n'y a pas de meilleure façon que de le construire dans le présent. C'est aussi le moment de faire le point sur tes souhaits… et sur toi-même, tout simplement.

Mon année en cours et mes ressentis du moment

....

....

Mes accomplissements sur les six derniers mois :

....

....

Comment me suis-je félicité·e pour cela ? ou que vais-je faire pour me féliciter ?

....

....

Quelle est la chose dont je suis le·la plus fier·ère dans ma vie ?

....

....

Quels sont mes futurs objectifs à atteindre ? Sont-ils liés à des rêves de mon enfance, des désirs des personnes autour de moi… ou viennent-ils de mon cœur ?

....

....

Ma biographie d'étoile

Si tu devais écrire ta propre biographie pour que les générations futures les lisent et s'inspirent de ton parcours, que voudrais-tu y mettre ? Ou bien, que souhaiterais-tu y lire (si certains de tes rêves et objectifs n'ont pas encore été atteints ?) Quelle est la trace que tu souhaites laisser sur Terre ?Imagine la parfaite biographie posthume que tu souhaiterais laisser derrière toi !